la escuela - école 2
el viaje - voyage 5
el transporte - transport 8
la ciudad - ville 10
el paisaje - paysage 14
el restaurante - restaurant 17
el supermercado - supermarché 20
las bebidas - boissons 22
la comida - alimentation 23
la granja - ferme 27
la casa - maison 31
la estancia - salon 33
la cocina - cuisine 35
el baño - salle de bain 38
la recámara de los niños - chambre d'enfant 42
la ropa - vêtements 44
la oficina - bureau 49
la economía - économie 51
las ocupaciones - professions 53
las herramientas - outils 56
los instrumentos musicales - instruments de musique 57
el zoológico - zoo 59
los deportes - sports 62
las actividades - activités 63
la familia - famille 67
el cuerpo - corps 68
el hospital - hôpital 72
la emergencia - urgence 76
la tierra - terre 77
el reloj - ...heure(s) 79
la semana - semaine 80
el año - année 81
las formas - formes 83
colores - couleurs 84
los opuestos - oppositions 85
los números - nombres 88
los idiomas - langues 90
quién / qué / cómo - qui / quoi / comment 91
dónde - où 92

Impressum
Verlag: BABADADA GmbH, Nedderfeld 112 , 22529 Hamburg
Geschäftsführer / Verlagsleitung: Harald Hof
Druck: Books on Demand GmbH, In de Tarpen 42, 22848 Norderstedt

Imprint
Publisher: BABADADA GmbH, Nedderfeld 112 , 22529 Hamburg, Germany
Managing Director / Publishing direction: Harald Hof
Print: Books on Demand GmbH, In de Tarpen 42, 22848 Norderstedt

la escuela
école

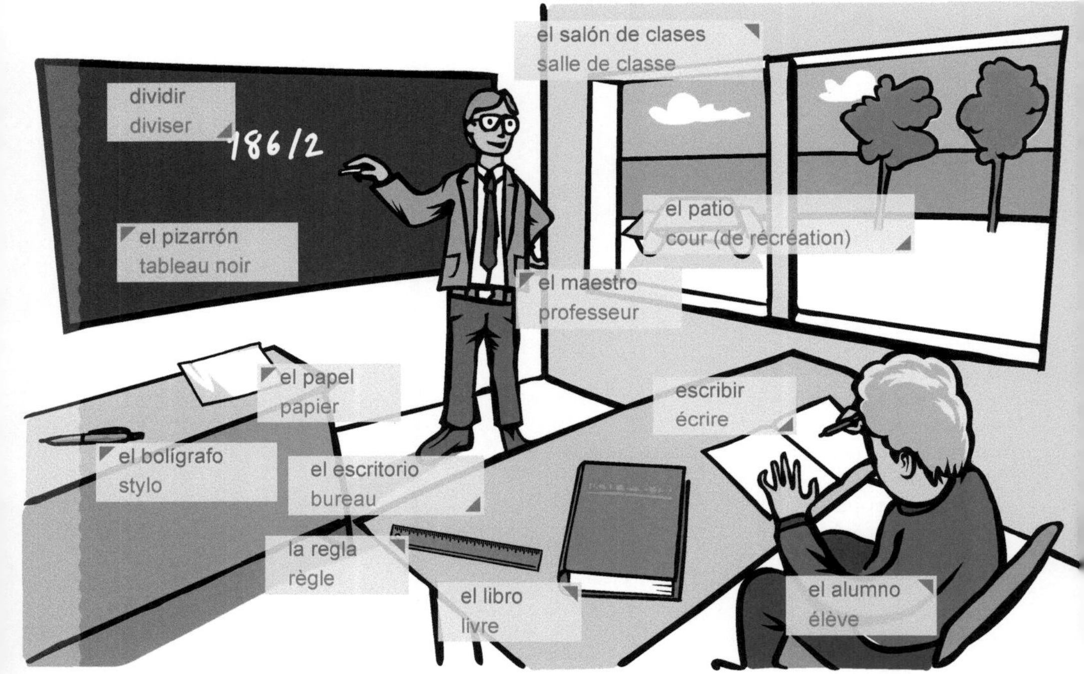

el salón de clases
salle de classe
dividir
diviser
186/2
el pizarrón
tableau noir
el patio
cour (de récréation)
el maestro
professeur
el papel
papier
escribir
écrire
el bolígrafo
stylo
el escritorio
bureau
la regla
règle
el libro
livre
el alumno
élève

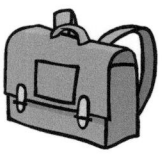

la mochila

cartable

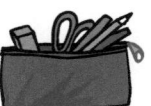

la caja de lápices

trousse

el lápiz

crayon

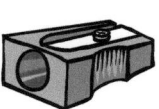

el sacapuntas

taille-crayon

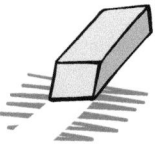

la goma de borrar

gomme

el bloc de dibujo

carnet à dessin

el dibujo
dessin

el pincel
pinceau

la caja de lápices de color

boîte de peinture

las tijeras
ciseaux

el pegamento
colle

el libro de ejercicios
cahier d'exercices

la tarea
devoirs

el número
chiffre

2+2

sumar
additionner

5-2

restar
soustraire

2×2

multiplicar
multiplier

calcular
calculer

A

la letra
lettre

ABCDEFG
HIJKLMN
OPQRSTU
VWXYZ

el alfabeto
alphabet

la palabra
mot

el texto

texte

leer

lire

la tiza

craie

la lección

leçon

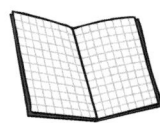

el cuaderno de clase

livre de classe

el examen

examen

el certificado

certificat

el uniforme

uniforme scolaire

la educación

formation

la enciclopedia

lexique

la universidad

université

el microscopio

microscope

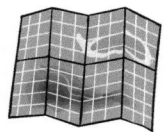

el mapa

carte

el bote de basura

corbeille à papier

el viaje
voyage

el hotel
hôtel
Grand
el hostel
auberge
ROOMS
la casa de cambio
bureau de change
CHANGE
la maleta
valise
el carro
voiture

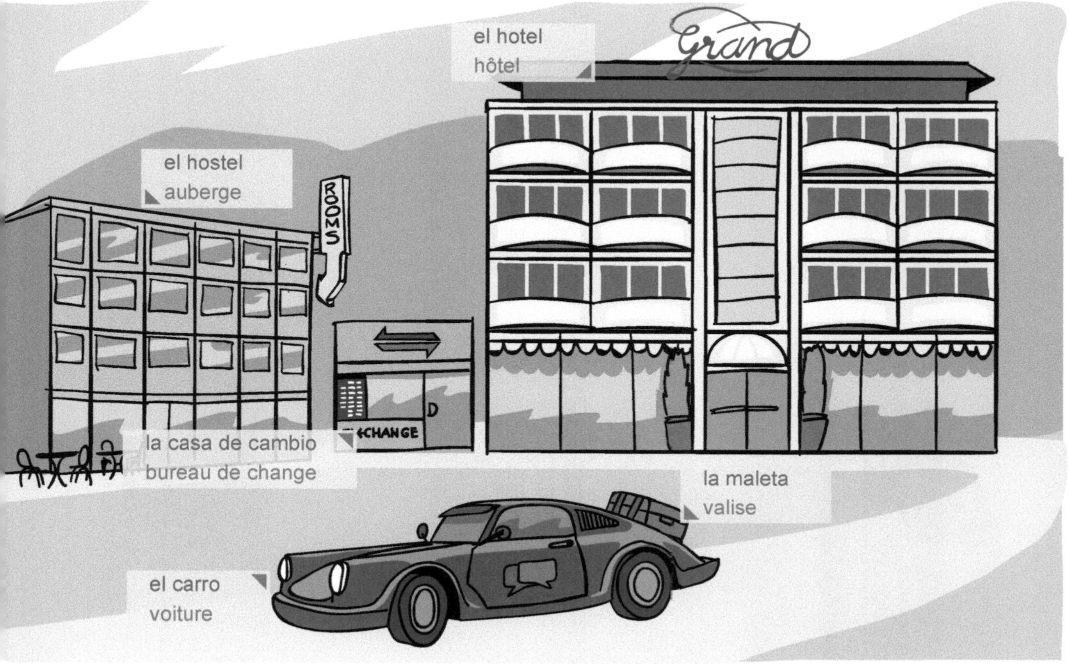

el idioma
langue

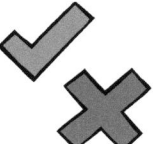

sí / no
oui / non

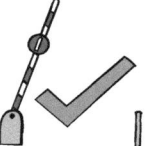

Órale
d'accord

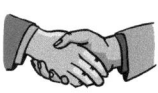

hola
Salut

el traductor
interprète

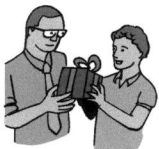

Gracias
merci

¿cuánto cuesta…?

Combien coûte…?

No entiendo

Je ne comprends pas

el problema

problème

¡Buenas tardes!

Bonsoir !

¡Buenos días!

Bonjour !

¡Buenas noches!

Bonne nuit !

adiós

Au revoir

la dirección

direction

el equipaje

bagages

la bolsa

sac

la mochila

sac-à-dos

el invitado

hôte

la recámara

pièce

la bolsa de dormir

sac de couchage

la tienda de campaña

tente

la información turística

office de tourisme

la playa

plage

la tarjeta de crédito

carte de crédit

el desayuno

petit-déjeuner

el almuerzo

déjeuner

la cena

dîner

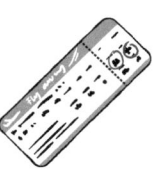

el billete

billet

el ascensor

ascenseur

el sello

timbre

la frontera

frontière

la aduana

douane

la embajada

ambassade

la visa

visa

el pasaporte

passeport

el transporte
transport

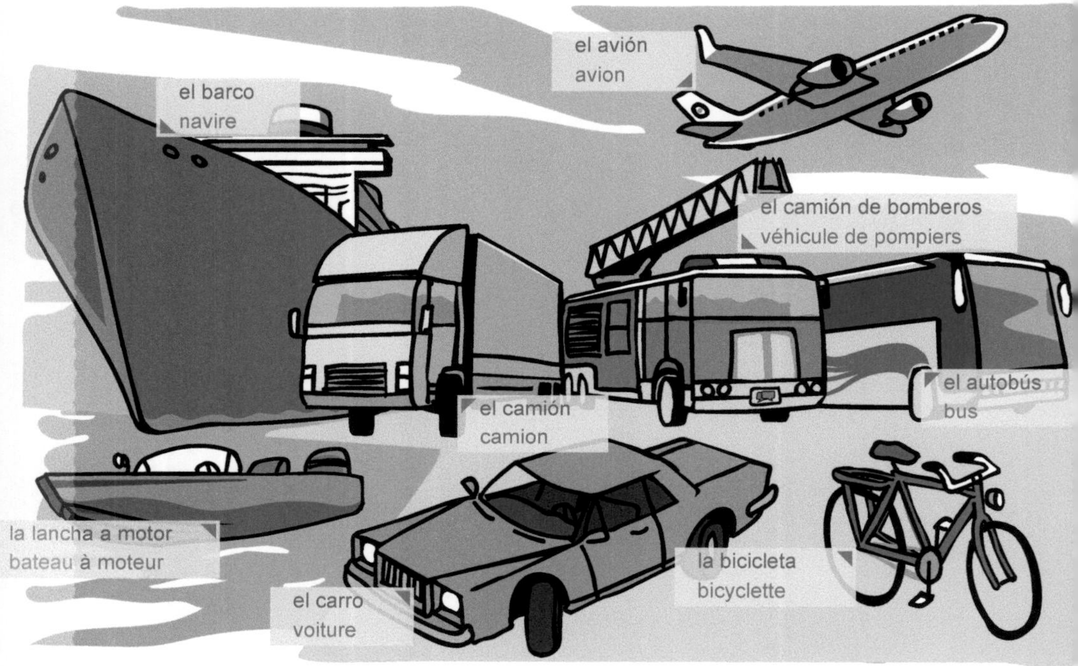

el avión
avion
el barco
navire
el camión de bomberos
véhicule de pompiers
el autobús
bus
el camión
camion
la lancha a motor
bateau à moteur
la bicicleta
bicyclette
el carro
voiture

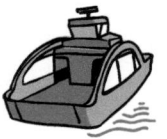

el ferry

ferry

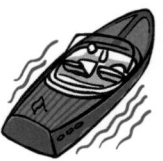

el bote

barque

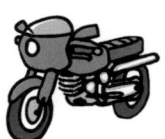

la motocicleta

moto

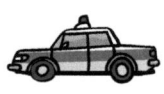

la patrulla

voiture de police

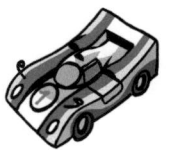

el coche de carreras

voiture de course

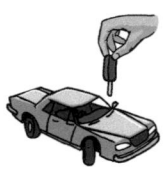

el auto para rentar

voiture de location

la renta de autos

auto-partage

la grúa

voiture de remorquage

el camión recolector de basura

benne à ordures

el motor

moteur

la gasolina

essence

la gasolinera

station d'essence

la señal de tráfico

panneau indicateur

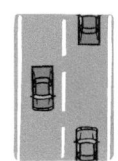

el tránsito

trafic

el embotellamiento

embouteillage

el aparcamiento

parking

la estación de tren

gare

las vías

rails

el tren

train

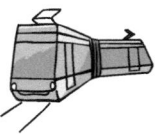

el tranvía

tramway

el vagón

wagon

el transporte - transport

el helicóptero

hélicoptère

el aeropuerto

aéroport

la torre

tour

el pasajero

passager

el contenedor

conteneur

la caja de cartón

carton

la carretilla

chariot

la cesta

corbeille

despegar / aterrizar

décoller / atterrir

la ciudad
ville

el pueblo

village

el centro de la ciudad

centre-ville

la casa

maison

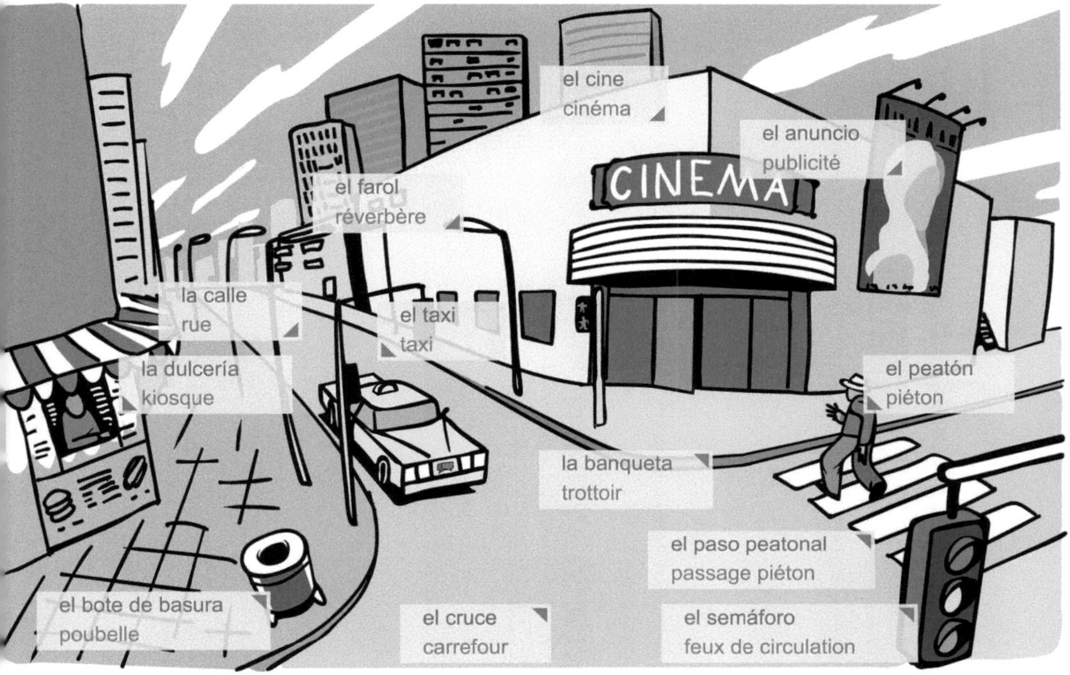

el cine
cinéma

el anuncio
publicité

el farol
réverbère

CINEMA

la calle
rue

el taxi
taxi

el peatón
piéton

la dulcería
kiosque

la banqueta
trottoir

el paso peatonal
passage piéton

el bote de basura
poubelle

el cruce
carrefour

el semáforo
feux de circulation

la cabaña

cabane

el apartamento

appartement

la estación de tren

gare

el ayuntamiento

mairie

el museo

musée

la escuela

école

la universidad

université

el banco

banque

el hospital

hôpital

el hotel

hôtel

la farmacia

pharmacie

la oficina

bureau

la librería

librairie

la tienda

magasin

la florería

fleuriste

el supermercado

supermarché

el mercado

marché

las grandes tiendas

grand magasin

la pescadería

poissonnerie

el centro comercial

centre commercial

el puerto

port

el parque

parc

el banco

banque

el puente

pont

las escaleras

escaliers

el metro

métro

el túnel

tunnel

la parada de autobús

arrêt de bus

el bar

bar

el restaurante

restaurant

el buzón

boîte à lettres

el letrero

panneau indicateur

el parquímetro

parcmètre

el zoológico

zoo

la alberca

piscine

la mezquita

mosquée

la granja

ferme

la contaminación

pollution

el cementerio

cimetière

la iglesia

église

el área de niños

aire de jeux

el templo

temple

el paisaje

paysage

la hoja
feuille

la señal
panneau indicateur

el camino
chemin

la pradera
pré

la piedra
pierre

el caminante
randonneur

el árbol
arbre

el río
rivière

el pasto
herbe

la flor
fleur

el valle

vallée

la montaña

montagne

el lago

lac

el bosque

forêt

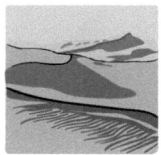

el desierto

désert

el volcán

volcan

el castillo

château

el arco iris

arc-en-ciel

el champiñón

champignon

la palmera

palmier

el mosquito

moustique

la mosca

mouche

la hormiga

fourmis

la abeja

abeille

la araña

araignée

el escarabajo

coléoptère

la rana

grenouille

la ardilla

écureuil

el erizo

hérisson

la liebre

lièvre

la lechuza

chouette

el pájaro

oiseau

el cisne

cygne

el jabalí

sanglier

el ciervo

cerf

el alce

élan

el embalse

barrage

la turbina eólica

éolienne

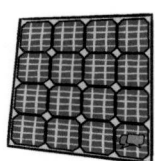

el panel solar

panneau solaire

el clima

climat

el restaurante
restaurant

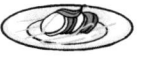

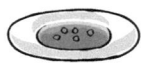

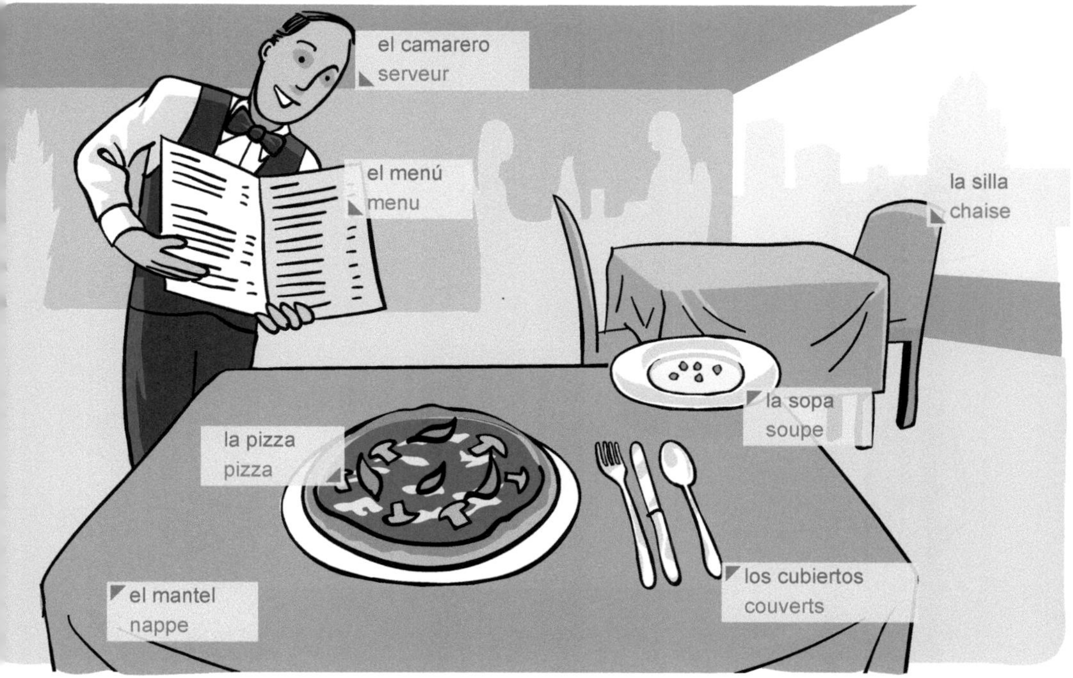
el camarero
serveur
el menú
menu
la silla
chaise
la sopa
soupe
la pizza
pizza
los cubiertos
couverts
el mantel
nappe

la entrada

hors d'œuvre

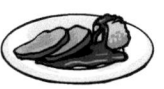

el plato fuerte

plat principal

el postre

dessert

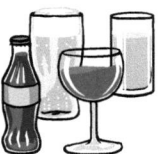

las bebidas

boissons

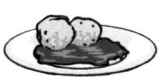

la comida

alimentation

la botella

bouteille

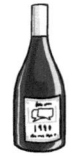

la comida rápida

fast-food

la comida de la calle

plats à emporter

la tetera

théière

la azucarera

sucrier

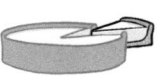

la porción

portion

la cafetera espresso

machine à expresso

la periquera

chaise haute

la cuenta

facture

la charola

plateau

el cuchillo

couteau

el tenedor

fourchette

la cuchara

cuillère

la cuchara de té

cuillère à thé

la servilleta

serviette

el vaso

verre

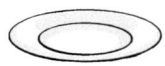

el plato

assiette

el plato hondo

assiette à soupe

el plato

soucoupe

la salsa

sauce

el salero

salière

el molino para pimienta

moulin à poivre

el vinagre

vinaigre

el aceite

huile

las especias

épices

el kétchup

ketchup

la mostaza

moutarde

la mayonesa

mayonnaise

el supermercado
supermarché

la oferta especial
offre promotionnelle
FOR
el cliente
client
los productos lácteos
produits laitiers
la fruta
fruits
el carrito para compras
chariot

BUTCHERS

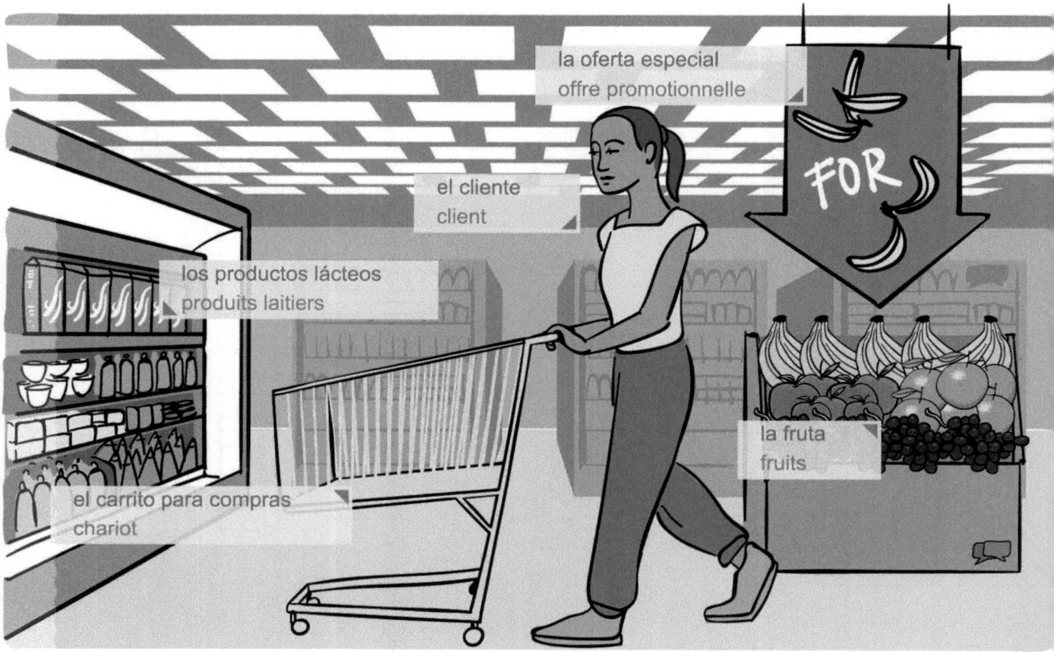

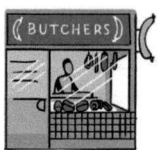

la carnicería

boucherie

BAKERY

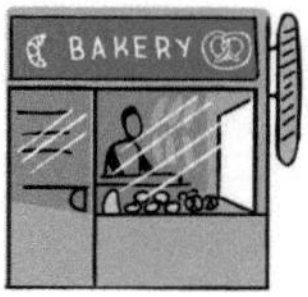

la panadería

boulangerie

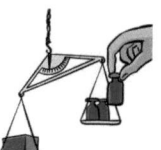

pesar

peser

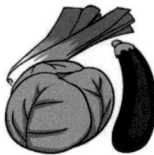

los vegetales

légumes

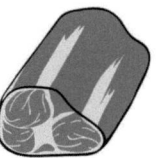

la carne

viande

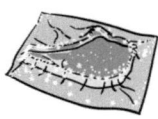

los alimentos congelados

aliments surgelés

las carnes frías

charcuterie

los alimentos enlatados

conserves

el detergente en polvo

poudre à lessive

los dulces

bonbons

los electrodomésticos

articles ménagers

productos de limpieza

détergents

la vendedora

vendeuse

la caja

caisse

el cajero

caissier

la lista de compras

liste d'achats

el horario de atención al público

heures d'ouverture

la cartera

portefeuille

la tarjeta de crédito

carte de crédit

la bolsa

sac

la bolsa de plástico

sac en plastique

el agua

eau

el jugo

jus de fruit

la leche

lait

el refresco de cola

coca

el vino

vin

la cerveza

bière

el alcohol

alcool

el cacao

chocolat chaud

el té

thé

el café

café

el espresso

expresso

el cappuccino

cappuccino

el plátano

banane

la manzana

pomme

la naranja

orange

el melón

melon

el limón

citron

la zanahoria

carotte

el ajo

ail

el bambú

bambou

la cebolla

oignon

el champiñón

champignon

las nueces

noisettes

los fideos

pâtes

los espaguetis

spaghetti

el arroz

riz

la ensalada

salade

las patatas fritas

pommes frites

las patatas fritas

pommes de terre rôties

la pizza

pizza

la hamburguesa

hamburger

el emparedado

sandwich

el filete

escalope

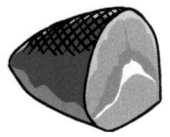

el jamón

jambon

el salami

salami

la salchicha

saucisse

el pollo

poulet

el asado

rôti

el pescado

poisson

los copos de avena

flocons d'avoine

el muesli

muesli

los copos de maíz

cornflakes

la harina

farine

el cuernito

croissant

el bolillo

petits-pains

el pan

pain

la tostada

pain grillé

las galletas

biscuits

la mantequilla

beurre

la cuajada

le fromage blanc

el pastel

gâteau

el huevo

œuf

el huevo frito

œuf au plat

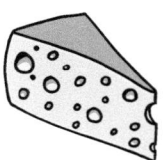

el queso

fromage

el helado

glace

el azúcar

sucre

la miel

miel

la mermelada

confiture

la crema de chocolate

crème nougat

el curry

curry

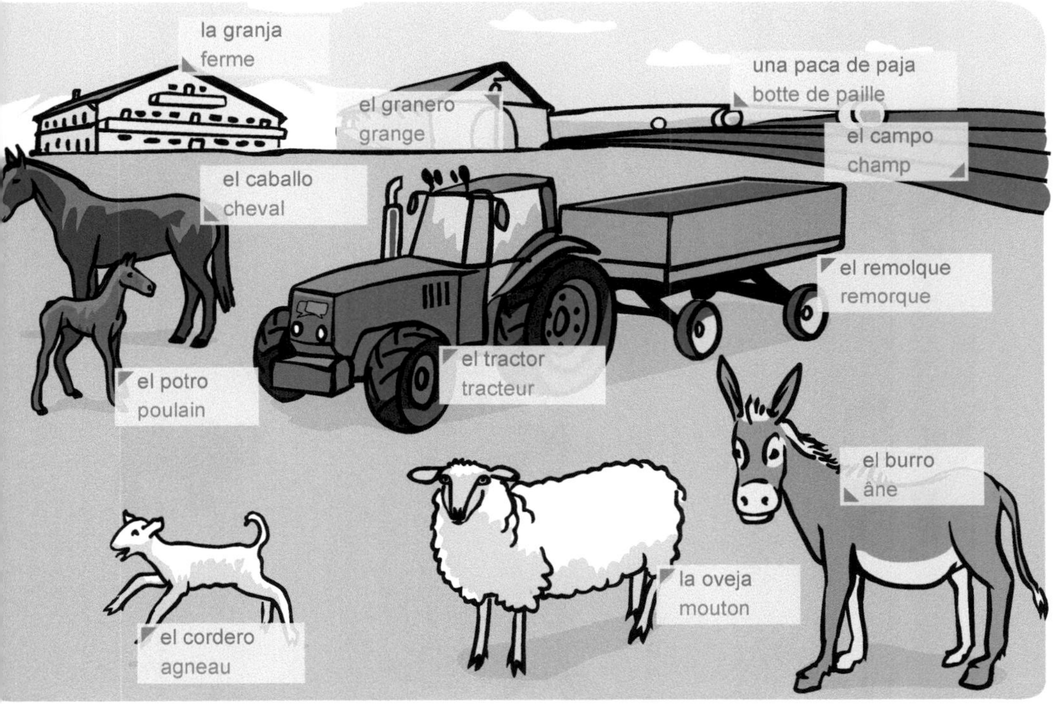

la granja
ferme

el granero
grange

una paca de paja
botte de paille

el campo
champ

el caballo
cheval

el remolque
remorque

el potro
poulain

el tractor
tracteur

el burro
âne

el cordero
agneau

la oveja
mouton

la cabra

chèvre

la vaca

vache

el ternero

veau

el cerdo

porc

el lechón

porcelet

el toro

taureau

el ganso
oie

el pato
canard

el pollo
poussin

la gallina
poule

el gallo
coq

la rata
rat

el gato
chat

el ratón
souris

el buey
bœuf

el perro
chien

la casa del perro
chenil

la manguera
tuyau de jardin

la regadera
arrosoir

la guadaña
faucheuse

el arado
charrue

la granja - ferme

la hoz
faucille

el azadón
pioche

la horquilla
fourche

el hacha
hache

la carretilla
brouette

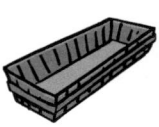

el bebedero
cuve

el bote de leche
pot à lait

el saco
sac

la valla
clôture

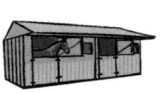

el establo
étable

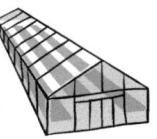

el invernadero
serre

el suelo
sol

la semilla
semences

el fertilizador
engrais

la cosechadora
moissonneuse-batteuse

cosechar

récolter

la cosecha

récolte

el camote

igname

el trigo

blé

la soja

soja

la patata

pomme de terre

el maíz

maïs

la semilla de colza

colza

el árbol frutal

arbre fruitier

la mandioca

manioc

las cereales

céréales

la casa
maison

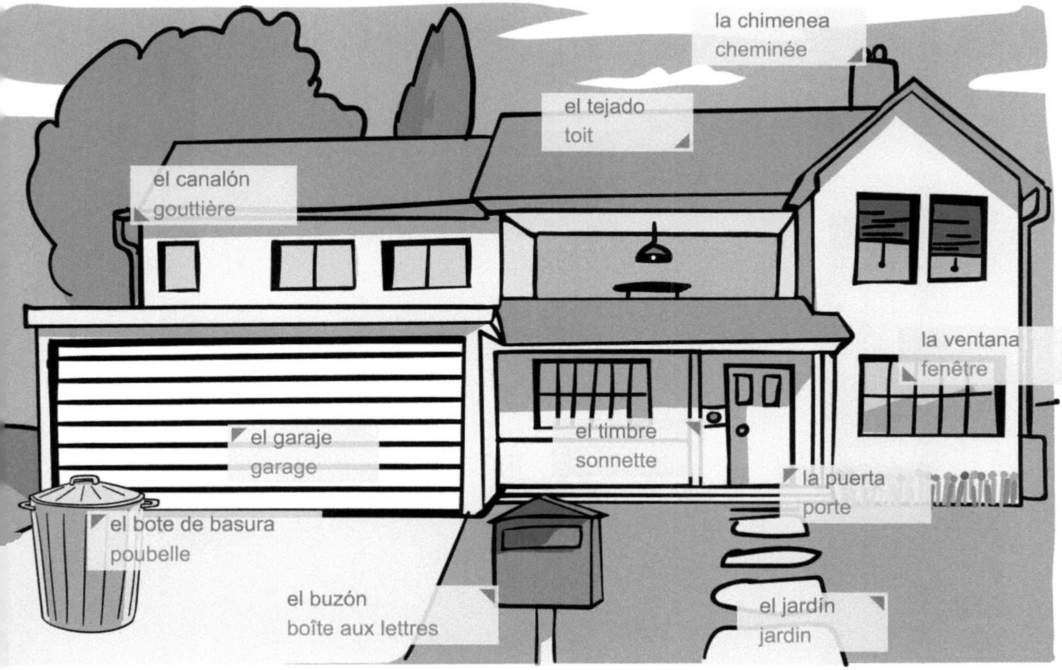
la chimenea
cheminée
el tejado
toit
el canalón
gouttière
la ventana
fenêtre
el garaje
garage
el timbre
sonnette
la puerta
porte
el bote de basura
poubelle
el buzón
boîte aux lettres
el jardín
jardin

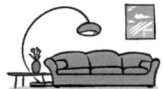

la estancia
....
salon

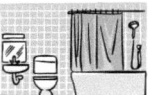

el baño
....
salle de bain

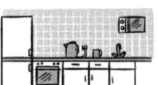

la cocina
....
cuisine

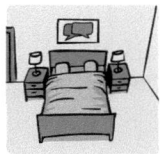

la recámara
....
chambre à coucher

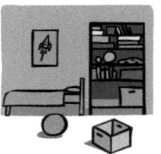

la recámara de los niños
....
chambre d'enfant

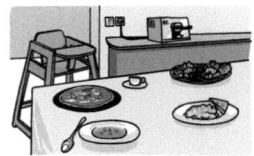

el comedor
....
salle à manger

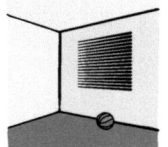

el suelo
sol

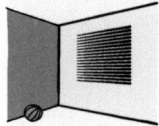

la pared
mur

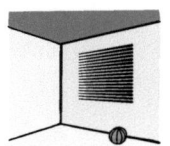

el techo
plafond

el sótano
cave

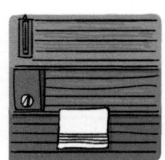

el sauna
sauna

el balcón
balcon

la terraza
terrasse

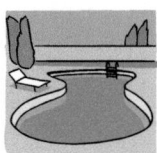

la alberca
piscine

el cortacésped
tondeuse à gazon

la sábana
housse

la colcha
couette

la cama
lit

la escoba
balai

el balde
sceau

el interruptor
interrupteur

la estancia
salon

el papel para empapelar
papier peint
la imagen
image
la lámpara
lampe
el estante
étagère
la alacena
armoire
la televisión
télé
la chimenea
cheminée
la flor
fleur
el cojín
coussin
el sofá
sofa
el florero
vase
el control remoto
télécommande

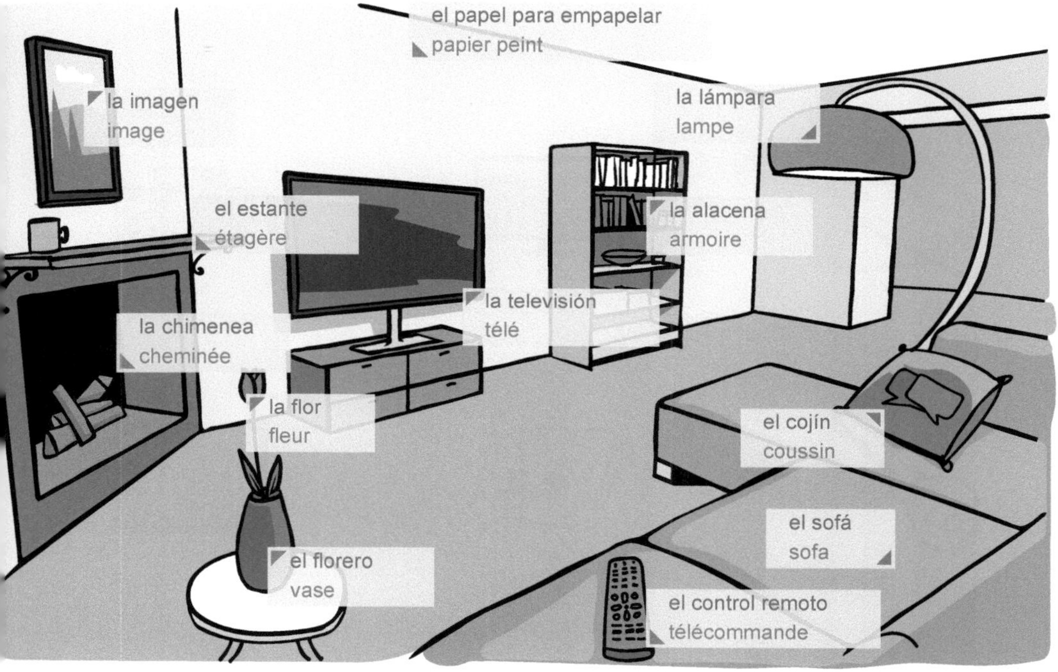

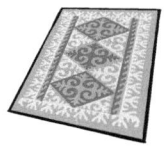

la alfombra

tapis

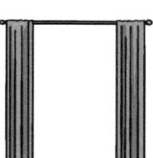

la cortina

rideau

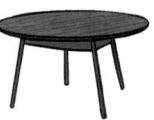

la mesa

table

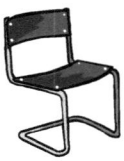

la silla

chaise

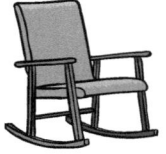

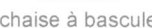

la mecedora

chaise à bascule

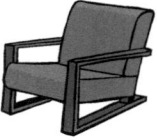

el sillón

fauteuil

el libro

livre

la leña

bois de chauffage

la llave

clé

el póster

poster

la aspiradora

aspirateur

la frazada

couverture

la película

film

el periódico

journal

la radio

radio

el cactus

cactus

la decoración

décoration

el equipo de música

chaîne hi-fi

la pintura

peinture

el cuaderno

bloc-notes

la vela

bougie

la cocina
cuisine

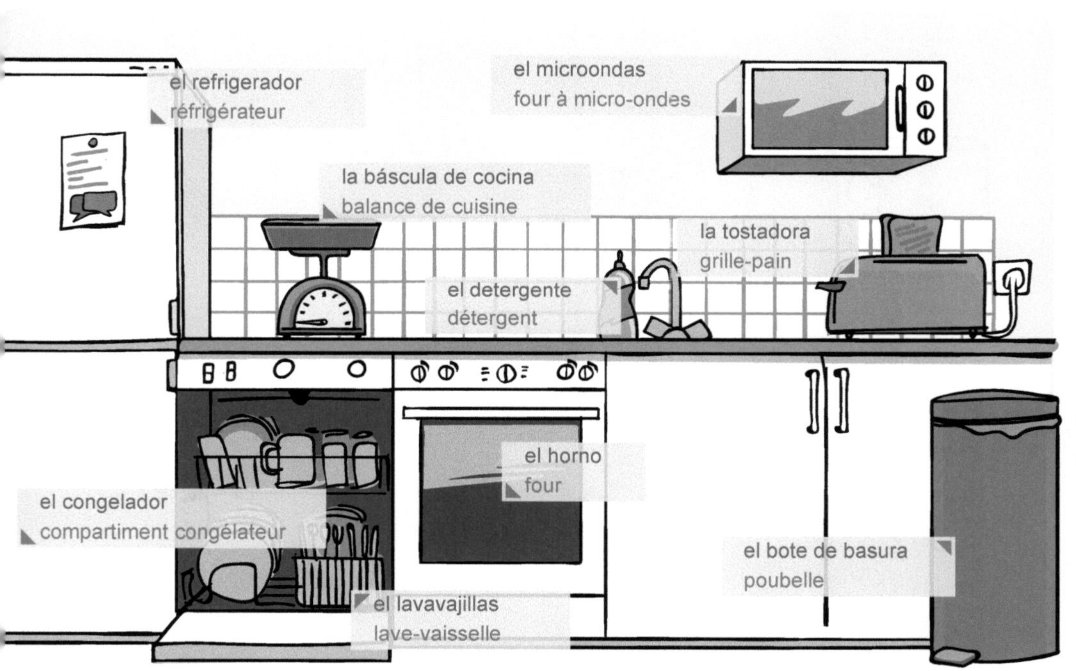
el refrigerador
réfrigérateur
el microondas
four à micro-ondes
la báscula de cocina
balance de cuisine
la tostadora
grille-pain
el detergente
détergent
el horno
four
el congelador
compartiment congélateur
el bote de basura
poubelle
el lavavajillas
lave-vaisselle

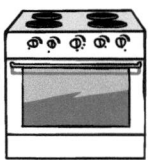

la olla a presión

four

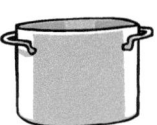

la olla

casserole

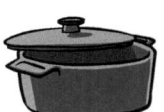

la olla de hierro fundido

marmite

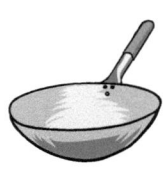

el wok

wok / kadai

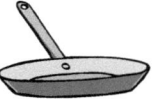

la sartén

poêle

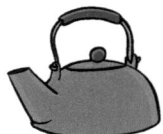

el hervidor

bouilloire electrique

la vaporera

cuiseur vapeur

la charola de horno

plaque de cuisson

la loza

vaisselle

la taza

gobelet

el bol

coupe

los palillos

baguettes

el cucharón

louche

la espátula

spatule

la batidora

fouet

el colador

passoire

el colador

tamis

el rallador

râpe

el mortero

mortier

la barbacoa

barbecue

la fogata

cheminée

la tabla para picar

planche à découper

el rodillo para amasar

rouleau à pâtisserie

el sacacorchos

tire-bouchon

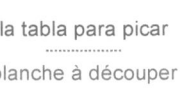

la lata

boîte

el abrelatas

ouvre-boîte

el guante de cocina

maniques

el fregadero

lavabo

el cepillo

brosse

la esponja

éponge

la batidora

mixeur

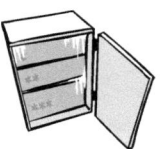

el congelador

congélateur

el biberón

biberon

la llave

robinet

el baño
salle de bain

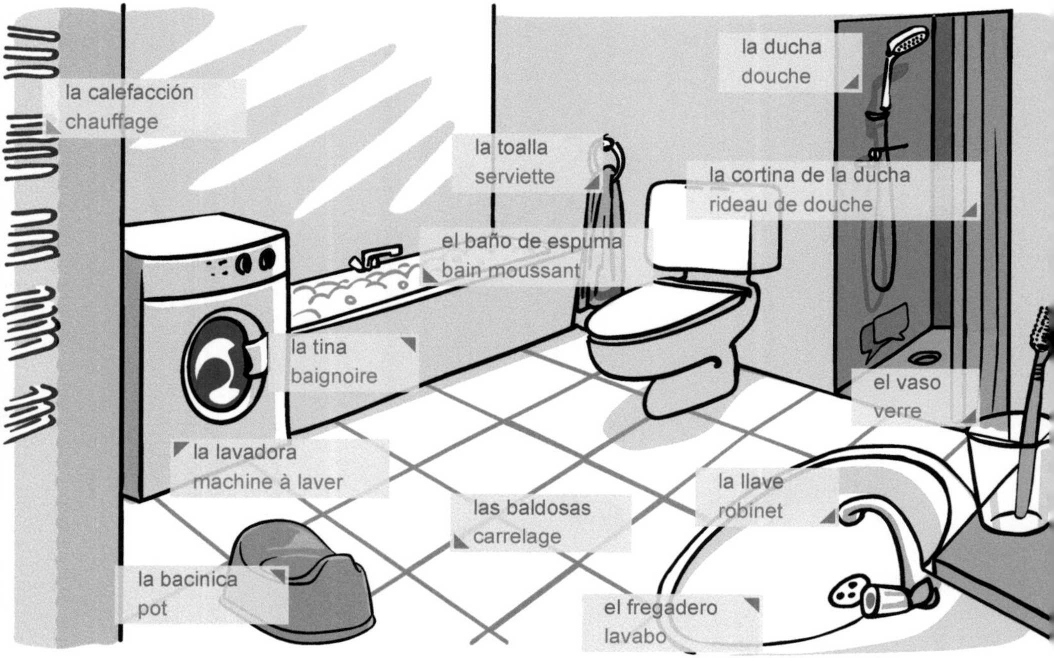

la calefacción
chauffage
la ducha
douche
la toalla
serviette
la cortina de la ducha
rideau de douche
el baño de espuma
bain moussant
la tina
baignoire
el vaso
verre
la lavadora
machine à laver
la llave
robinet
las baldosas
carrelage
la bacinica
pot
el fregadero
lavabo

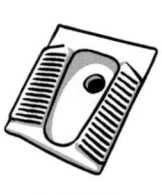

el inodoro

toilettes

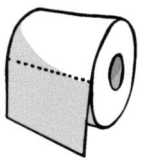

la letrina

toilette à la turque

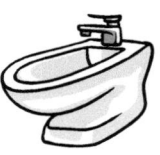

el bidé

bidet

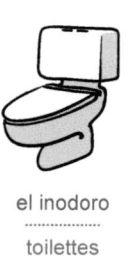

el mingitorio

urinoir

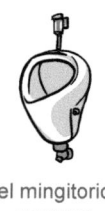

el papel higiénico

papier toilette

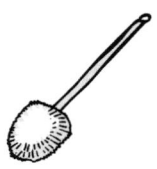

el cepillo para baño

brosse à toilette

el cepillo de dientes

brosse à dents

la pasta dental

dentifrice

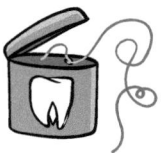

el hilo dental

fil dentaire

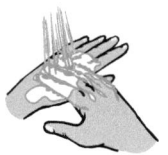

lavar

laver

la ducha de mano

douche manuelle

la ducha vaginal

douche intime

el fregadero

vasque

el cepillo de espalda

brosse dorsale

el jabón

savon

el gel de ducha

gel douche

el champú

shampooing

la toallita

gant de toilette

el drenaje

écoulement

la crema

crème

el desodorante

déodorant

el espejo

miroir

el espejo de tocador

miroir cosmétique

la máquina para afeitar

rasoir

la espuma de afeitar

mousse à raser

la loción para después de afeitar

après-rasage

el peine

peigne

el cepillo

brosse

la secadora

sèche-cheveux

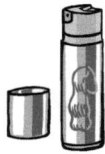

la laca

laque pour cheveux

el maquillaje

fond de teint

el lápiz labial

rouge à lèvres

el esmalte para uñas

vernis à ongles

el algodón

ouate

las tijeras para uñas

coupe-ongles

el perfume

parfum

el estuche para cosméticos

trousse de toilette

el taburete

tabouret

la báscula

pèse-personne

la bata

peignoir

los guantes de goma

gants de nettoyage

el tampón

tampon

la toalla sanitaria

serviettes hygiéniques

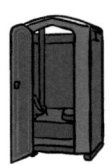

el baño móvil

toilette chimique

la recámara de los niños
chambre d'enfant

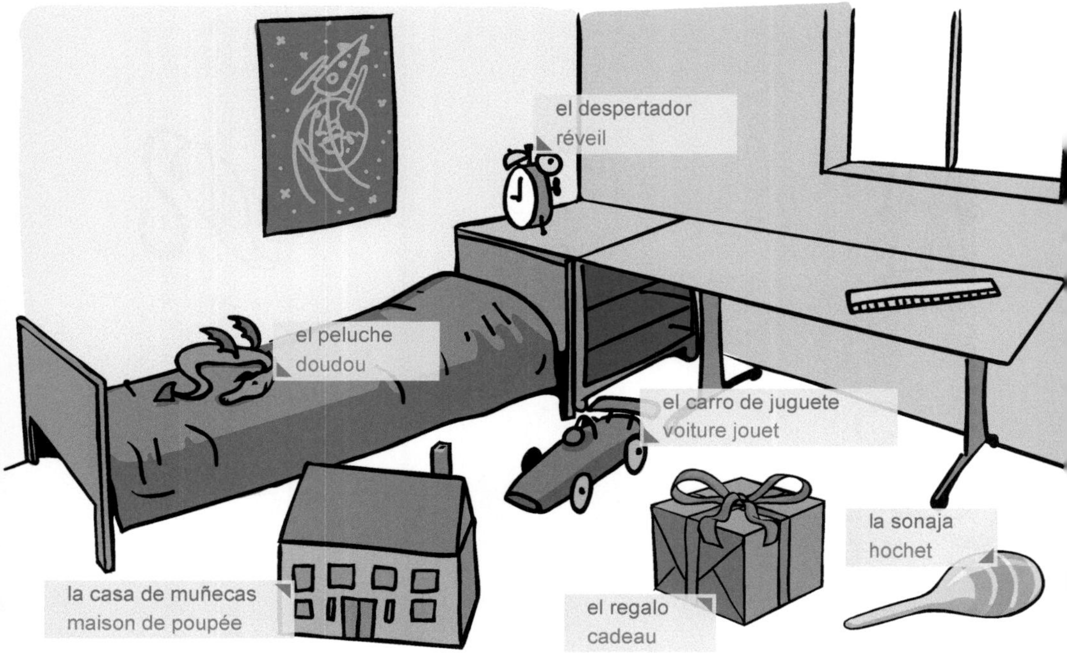
el despertador
réveil
el peluche
doudou
el carro de juguete
voiture jouet
la sonaja
hochet
la casa de muñecas
maison de poupée
el regalo
cadeau

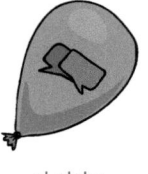

el globo

ballon

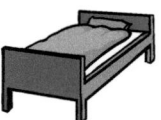

la cama

lit

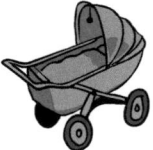

la carriola

poussette

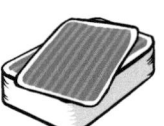

las cartas

jeu de cartes

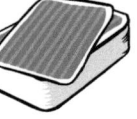

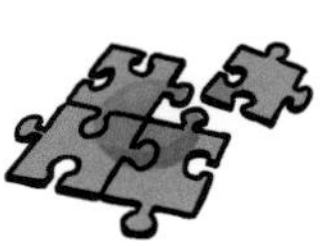

el rompecabezas

puzzle

SUPER
MEGA

el cómic

bande dessinée

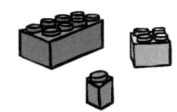

las piezas de lego

pièces lego

los bloques para jugar

blocs de construction

la figura de acción

figurine

el mameluco

grenouillère

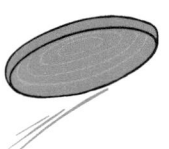

el frisbee

frisbee

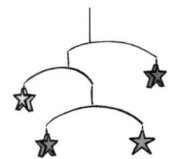

el móvil para bebés

mobile

el juego de mesa

jeu de société

los dados

dé

el tren eléctrico

train miniature

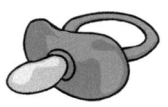

el maniquí

sucette

la fiesta

fête

el álbum de fotos

livre d'images

el balón

balle

la muñeca

poupée

jugar

jouer

el arenero

bac à sable

el columpio

balançoire

los juguetes

jouets

la consola de videojuegos

console de jeu

el triciclo

tricycle

el oso de peluche

ours en peluche

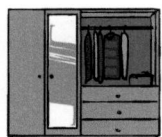

el clóset

armoire

la ropa

vêtements

los calcetines

chaussettes

las pantimedias

bas

las mallas

collant

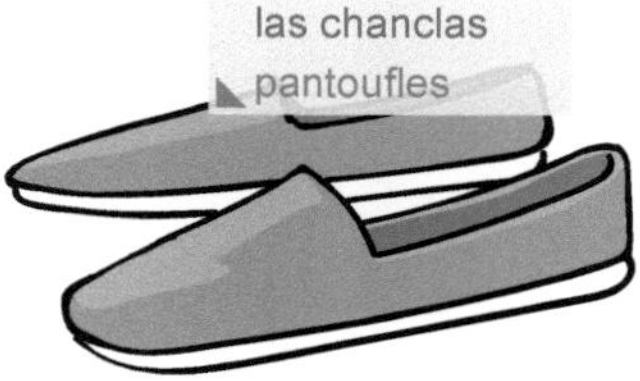

la bufanda
écharpe

el paraguas
parapluie

la playera
t-shirt

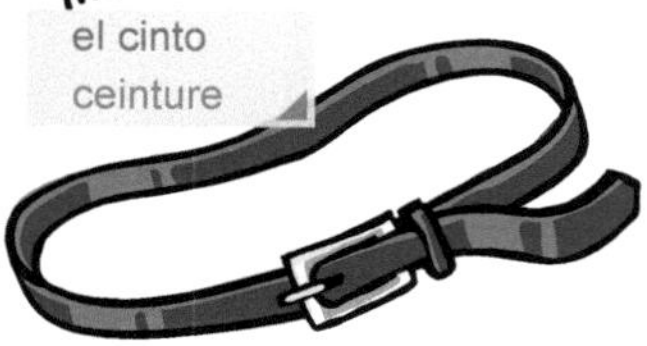

el cinto
ceinture

las botas
bottes

las chanclas
pantoufles

los tenis
baskets

las sandalias
sandales

los zapatos
chaussures

las botas de goma
bottes de caoutchouc

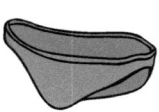

la ropa interior
sous-vêtements

el brasier
soutien-gorge

el chaleco
maillot de corps

el body
body

los pantalones
pantalon

los pantalones de mezclilla
jean

la falda
jupe

la blusa
chemisier

la camisa
chemise

el suéter
pull

la sudadera
sweat à capuche

el saco sport
veste

la chamarra
veste

el abrigo
manteau

el impermeable
imperméable

el traje
costume

el vestido
robe

el vestido de novia
robe de mariée

el traje

costume

el camisón

chemise de nuit

el pijama

pyjama

el sari

sari

el pañuelo para la cabeza

foulard

el turbante

turban

la burka

burqa

el caftán

caftan

la abaya

abaya

el traje de baño

maillot de bain

el short de baño

maillot de bain

los shorts

short

los pants

tenue d'entraînement

el delantal

tablier

los guantes

gants

el botón

bouton

las gafas

lunettes

el brazalete

bracelet

el collar

collier

el anillo

bague

el arete

boucle d'oreille

la gorra

bonnet

el gancho

cintre

el sombrero

chapeau

la corbata

cravate

el cierre

fermeture éclair

el casco

casque

los tirantes

bretelles

el uniforme

uniforme scolaire

el uniforme

uniforme

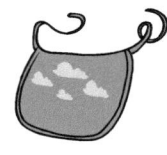

el babero

bavoir

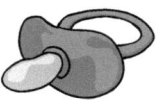

el maniquí

sucette

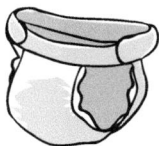

el pañal

lange

la oficina

bureau

el servidor
serveur
el archivo
armoire d'archivage
la impresora
imprimante
el papel
papier
el monitor
écran
el mouse
souris
el escritorio
bureau
la carpeta
classeur
el teclado
clavier
el bote de basura
corbeille à papier
la computadora
ordinateur
la silla
chaise

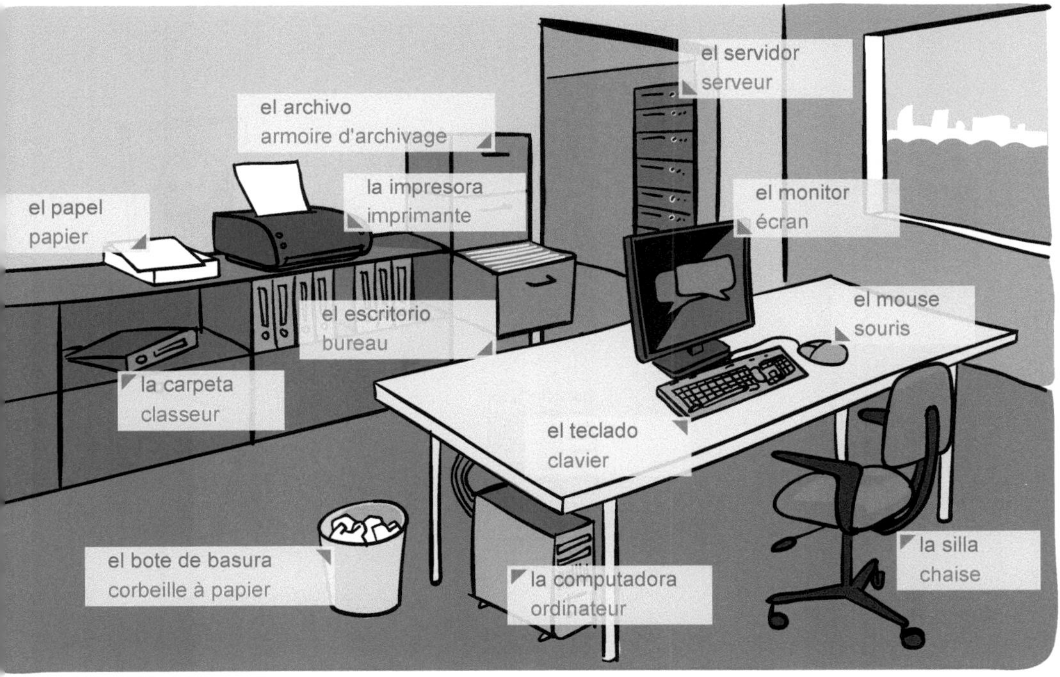

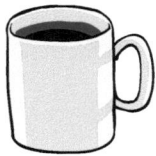

la taza de café

tasse de café

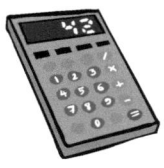

la calculadora

calculatrice

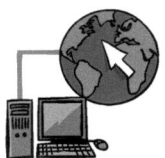

el internet

internet

la notebook

ordinateur portable

la carta

lettre

el mensaje

message

el móvil

portable

la red

réseau

la fotocopiadora

photocopieuse

el software

logiciel

el teléfono

téléphone

el tomacorriente

prise

el fax

fax

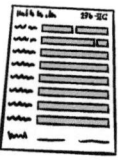

el formulario

formulaire

el documento

document

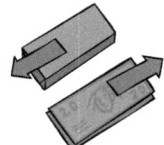

comprar
acheter

pagar
payer

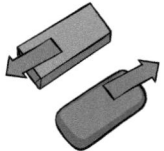

hacer negocios
faire du commerce

el dinero
monnaie

 **USD**

el dólar
dollar

 **EUR**

el euro
euro

 **JPY**

el yen
yen

 **RUB**

el rublo
rouble

 **CHF**

el franco suizo
franc suisse

 **CNY**

el yuan
renminbi yuan

 **INR**

la rupia
roupie

el cajero automático
distributeur automatique

la casa de cambio

bureau de change

el oro

or

la plata

argent

el petróleo

pétrole

la energía

énergie

el precio

prix

el contrato

contrat

el impuesto

taxe

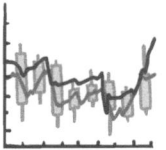

la acción

action

trabajar

travailler

el empleado

employé

el empleador

employeur

la fábrica

usine

la tienda

magasin

las ocupaciones
professions

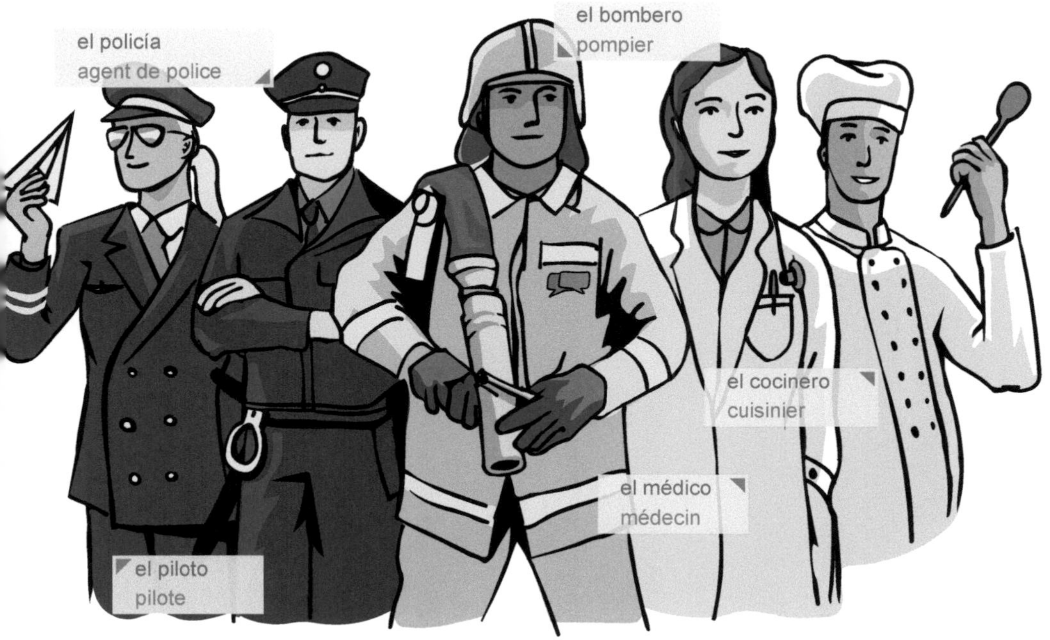
el policía
agent de police
el bombero
pompier
el cocinero
cuisinier
el médico
médecin
el piloto
pilote

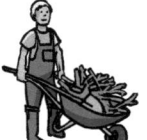

el jardinero
jardinier

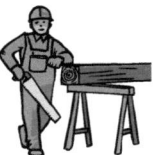

el carpintero
menuisier

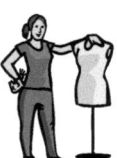

la costurera
couturière

el juez
juge

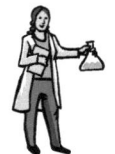

el farmacéutico
chimiste

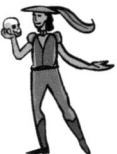

el actor
acteur

el conductor de autobús

conducteur de bus

el taxista

chauffeur de taxi

el pescador

pêcheur

la señora de la limpieza

femme de ménage

el instalador de techos

couvreur

el camarero

serveur

el cazador

chasseur

el pintor

peintre

el panadero

boulanger

el electricista

électricien

el obrero

ouvrier

el ingeniero

ingénieur

el carnicero

boucher

el plomero

plombier

el cartero

facteur

el soldado

soldat

el arquitecto

architecte

el cajero

caissier

el florista

fleuriste

el peluquero

coiffeur

el cobrador

contrôleur

el mecánico

mécanicien

el capitán

capitaine

el dentista

dentiste

el científico

scientifique

el rabino

rabbin

el imán

imam

el monje

moine

el sacerdote

prêtre

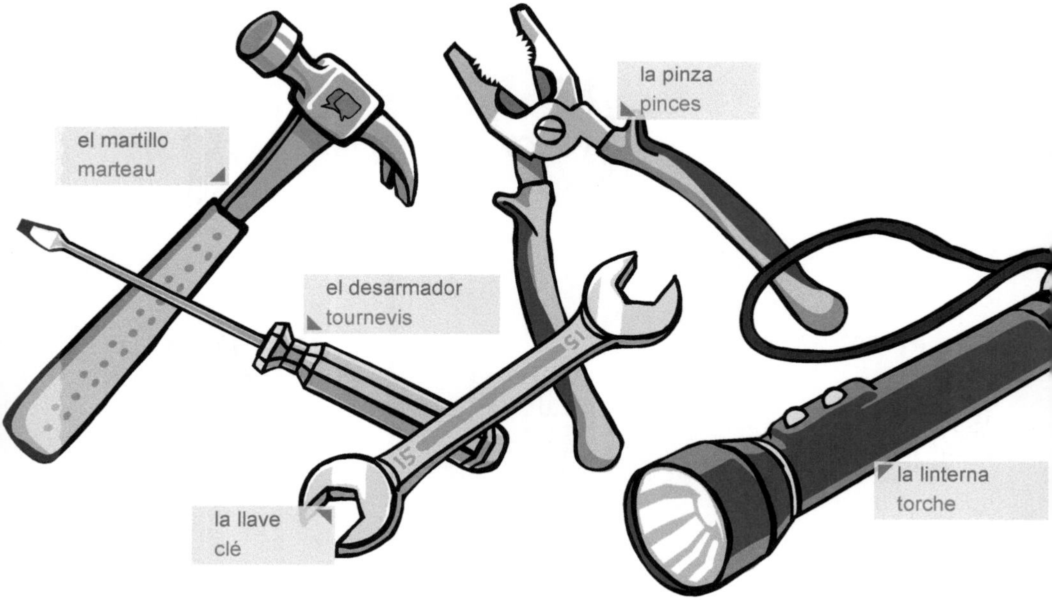

el martillo
marteau

la pinza
pinces

el desarmador
tournevis

la llave
clé

la linterna
torche

la excavadora

pelleteuse

la caja de herramientas

boîte à outils

la escalera de mano

échelle

la sierra

scie

los clavos

clous

el taladro

perceuse

reparar

réparer

la pala

pelle

¡Maldición!

Mince !

el recogedor

pelle

el bote de pintura

pot de peinture

los tornillos

vis

los instrumentos musicales
instruments de musique

el altavoz
haut-parleurs

la batería
batterie

el contrabajo
contrebasse

la trompeta
trompette

la guitarra
guitare

el piano

piano

el violín

violon

el bajo

basse

los timbales

timbales

el tambor

tambour

el teclado

piano électrique

el saxofón

saxophone

la flauta

flûte

el micrófono

microphone

la entrada
entrée

el tigre
tigre

la jaula
cage

la cebra
zèbre

el alimento para animales
alimentation animale

el oso panda
panda

los animales

animaux

el elefante

éléphant

el canguro

kangourou

el rinoceronte

rhinocéros

el gorila

gorille

el oso

ours

el camello

chameau

el avestruz

autruche

el león

lion

el mono

singe

el flamenco

flamand rose

el loro

perroquet

el oso polar

ours polaire

el pingüino

pingouin

el tiburón

requin

el pavo real

paon

la serpiente

serpent

el cocodrilo

crocodile

el guardián de zoológico

gardien de zoo

la foca

phoque

el jaguar

jaguar

el poni

poney

el leopardo

léopard

el hipopótamo

hippopotame

la jirafa

girafe

el águila

aigle

el jabalí

sanglier

el pescado

poisson

la tortuga

tortue

la morsa

morse

el zorro

renard

la gacela

gazelle

el fútbol americano
american Football

el ciclismo
cyclisme

el tenis
tennis

el baloncesto
basket-ball

la natación
natation

el boxeo
boxe

el hockey sobre hielo
hockey sur glace

el fútbol
football

el bádminton
badminton

el atletismo
athlétisme

el handball
handball

el esquí
ski

el polo
polo

reír / rire

saltar / sauter

abrazar / embrasser

caminar / marcher

cantar / chanter

soñar / rêver

rezar / prier

besar / faire la bise

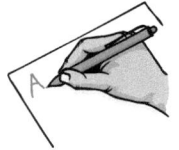

escribir
écrire

dibujar
dessiner

mostrar
montrer

empujar
pousser

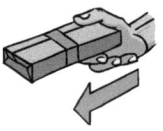

dar
donner

tomar
prendre

tener
avoir

hacer
faire

ser
être

estar parado
être debout

correr
courir

jalar
trier

arrojar
jeter

caer
tomber

estar acostado
être couché

esperar
attendre

llevar
porter

estar sentado
être assis

vestirse
s'habiller

dormir
dormir

despertar
se réveiller

mirar
regarder

llorar
pleurer

acariciar
caresser

peinar
peigner

hablar
parler

entender
comprendre

preguntar
demander

escuchar
écouter

beber
boire

comer
manger

ordenar
ranger

amar
aimer

cocinar
cuire

conducir
conduire

volar
voler

navegar

faire de la voile

calcular

calculer

leer

lire

aprender

apprendre

trabajar

travailler

casarse

se marier

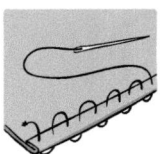

coser

coudre

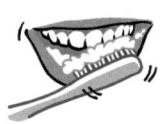

cepillarse los dientes

brosser les dents

matar

tuer

fumar

fumer

enviar

envoyer

la familia

famille

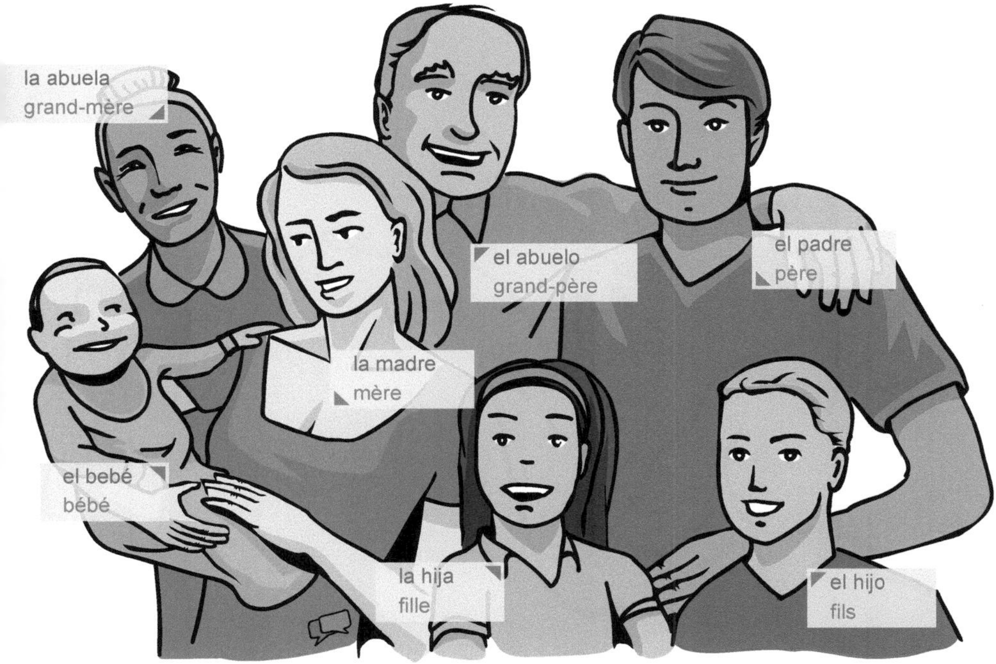

la abuela
grand-mère
el abuelo
grand-père
el padre
père
la madre
mère
el bebé
bébé
la hija
fille
el hijo
fils

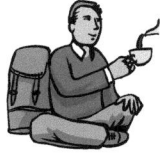

el invitado

hôte

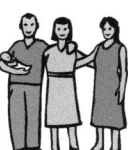

la tía

tante

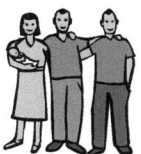

el tío

oncle

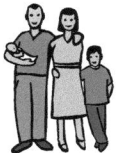

el hermano

frère

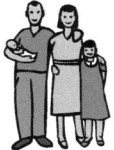

la hermana

sœur

el cuerpo

corps

la frente
front
el ojo
œil
el hombro
épaule
el dedo
doigt
la cara
visage
la barbilla
menton
la mano
main
la pierna
jambe
el pecho
poitrine
el brazo
bras

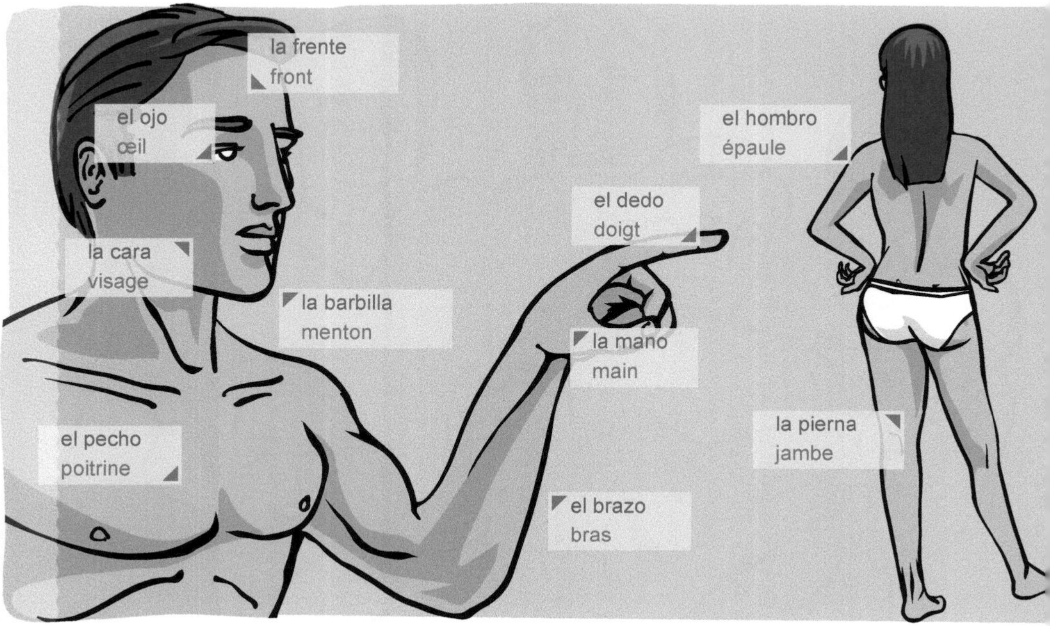

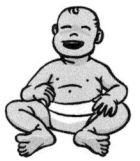

el bebé

bébé

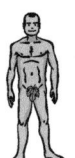

el hombre

homme

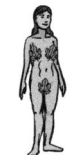

la mujer

femme

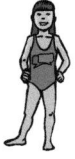

la niña

fille

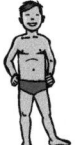

el niño

garçon

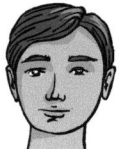

la cabeza

tête

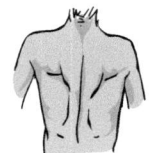

la espalda

dos

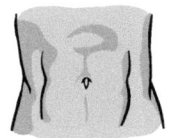

la barriga

ventre

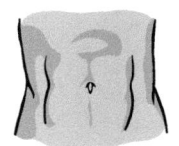

el ombligo

nombril

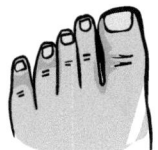

el dedo del pie

orteil

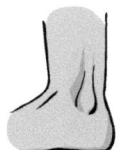

el talón

talon

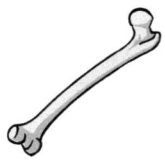

el hueso

os

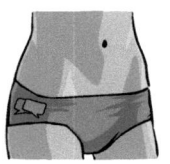

la cadera

hanche

la rodilla

genou

el codo

coude

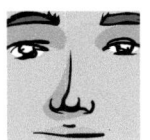

la nariz

nez

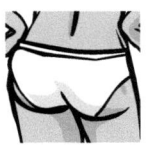

las pompis

fesses

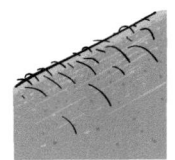

la piel

peau

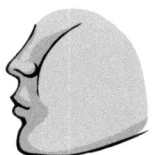

la mejilla

joue

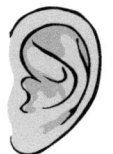

el oído

oreille

el labio

lèvre

la boca

bouche

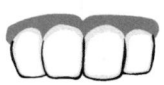

el diente

dent

la lengua

langue

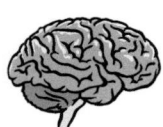

el cerebro

cerveau

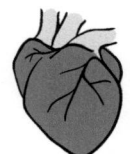

el corazón

cœur

el músculo

muscle

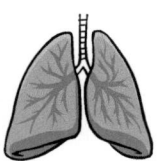

el pulmón

poumons

el hígado

foie

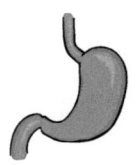

el estómago

estomac

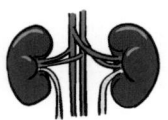

los riñones

reins

el sexo

rapport sexuel

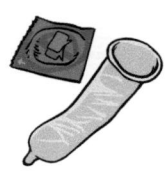

el condón

préservatif

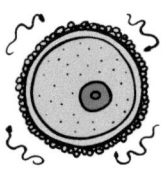

el óvulo

ovule

el semen

sperme

el embarazo

grossesse

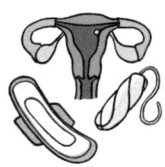

la menstruación

menstruation

la vagina

vagin

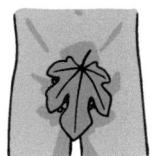

el pene

pénis

la ceja

sourcil

el cabello

cheveux

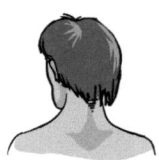

el cuello

cou

el hospital
hôpital

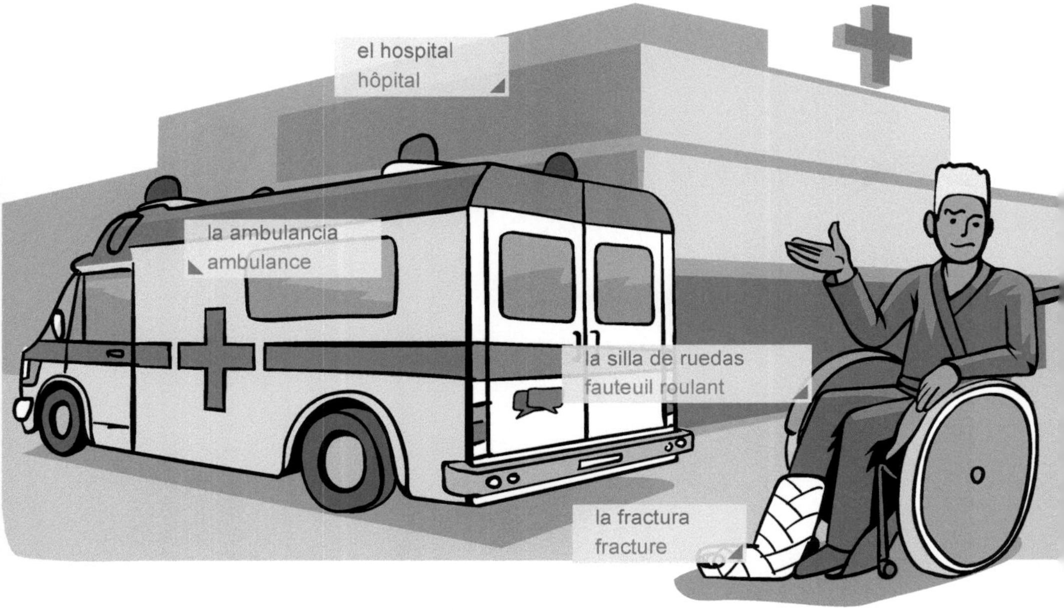

el hospital
hôpital
la ambulancia
ambulance
la silla de ruedas
fauteuil roulant
la fractura
fracture

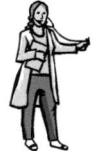

el médico

médecin

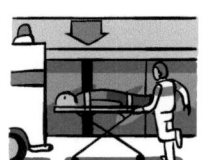

la sala de emergencias

service des urgences

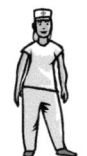

la enfermera

infirmière

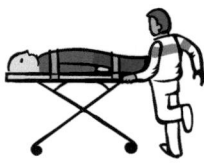

la emergencia

urgence

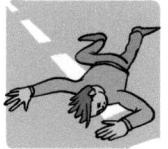

inconsciente

inconscient

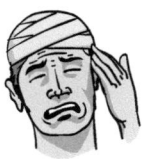

el dolor

douleur

la lesión

blessure

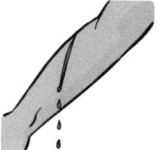

la hemorragia

hémorragie

el infarto

crise cardiaque

el accidente
cerebrovascular

attaque cérébrale

la alergia

allergie

la tos

toux

la fiebre

fièvre

la gripa

grippe

la diarrea

diarrhée

el dolor de cabeza

mal de tête

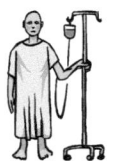

el cáncer

cancer

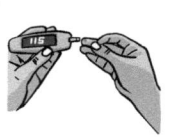

la diabetes

diabète

el cirujano

chirurgien

el bisturí

scalpel

la operación

opération

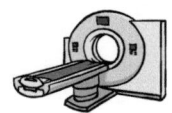

TC

CT

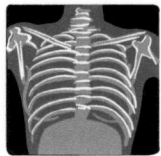

los rayos x

radiographie

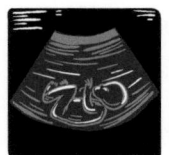

el ultrasonido

échographie

la mascarilla

masque

la enfermedad

maladie

la sala de espera

salle d'attente

la muleta

béquille

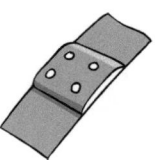

la vendita

pansement

el vendaje

pansement

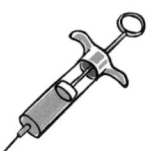

la inyección

injection

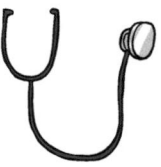

el estetoscopio

stéthoscope

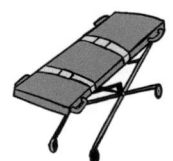

la camilla

brancard

el termómetro

thermomètre

el nacimiento

accouchement

el sobrepeso

surcharge pondérale

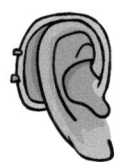

el audífono

appareil auditif

el desinfectante

désinfectant

la infección

infection

el virus

virus

VIH / SIDA

VIH / sida

la medicina

médicament

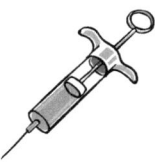

la vacunación

vaccination

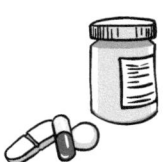

las tabletas

comprimés

la pastilla anticonceptiva

pilule

la llamada de emergencia

appel d'urgence

el medidor de presión

tensiomètre

enfermo / sano

malade / sain

¡Socorro!

Au secours !

la alarma

alarme

la agresión

assaut

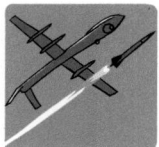

el ataque

attaque

el peligro

danger

la salida de emergencia

sortie de secours

¡Fuego!

Au feu!

el extintor de incendios

extincteur

el accidente

accident

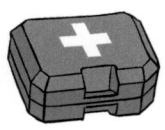

el botiquín de primeros
auxilios

trousse de premier secours

SOS

SOS

la policía

police

Europa

Europe

Norteamérica

Amérique du Nord

Sudamérica

Amérique du Sud

África

Afrique

Asia

Asie

Australia

Australie

el Atlántico

Océan atlantique

el Pacífico

Océan pacifique

el Océano Índico

Océan indien

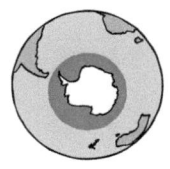

el Océano Antártico

Océan antarctique

el Océano Ártico

Océan arctique

el polo norte

pôle nord

el polo sur

pôle sud

la Antártida

Antarctique

la tierra

terre

la tierra

pays

el mar

mer

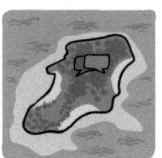

la isla

île

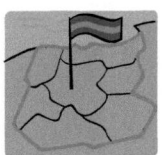

la nación

nation

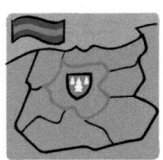

el estado

état

la esfera

cadran

la manecilla de las horas

aiguille des heures

el minutero

aiguille des minutes

el segundero

aiguille des secondes

¿Qué hora es?

Quelle heure est-il ?

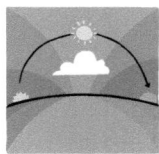

el día

jour

la hora

temps

ahora

maintenant

el reloj digital

montre digitale

el minuto

minute

la hora

heure

la semana

semaine

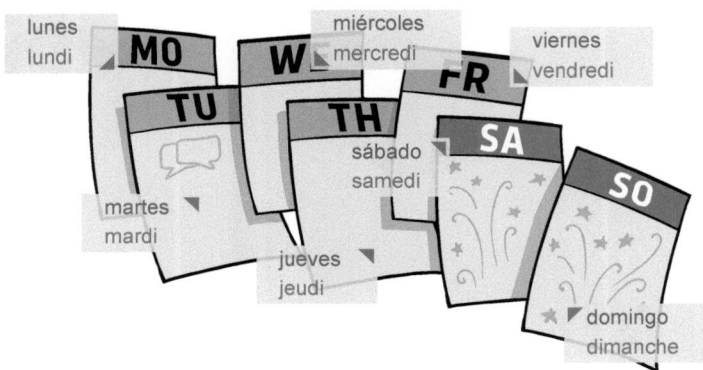

lunes
lundi

martes
mardi

miércoles
mercredi

jueves
jeudi

viernes
vendredi

sábado
samedi

domingo
dimanche

ayer

hier

hoy

aujourd'hui

mañana

demain

la mañana

matin

el mediodía

midi

la tarde

soir

los días laborables

jours ouvrables

el fin de semana

week-end

la lluvia
pluie

el arco iris
arc-en-ciel

la nieve
neige

el viento
vent

la primavera
printemps

el verano
été

el otoño
automne

el invierno
hiver

4.APRIL	11°	☀
5.APRIL	4°	☔
6.APRIL	13°	☁
7.APRIL	8°	☀
8.APRIL	10°	☀

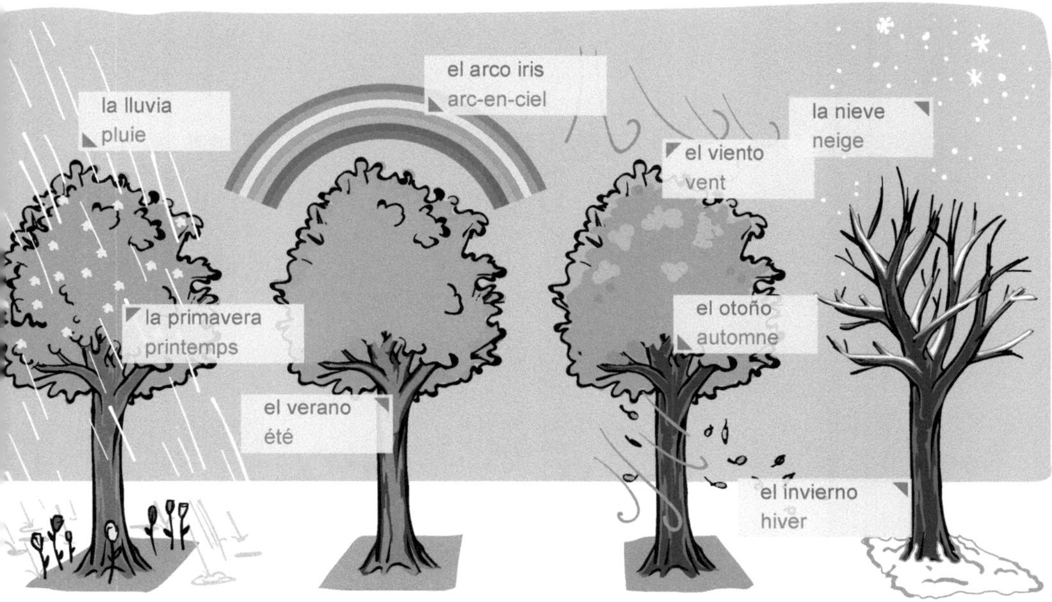

el pronóstico del tiempo

météo

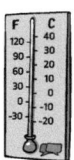

el termómetro

thermomètre

el sol

lumière du soleil

la nube

nuage

la niebla

brouillard

la humedad

humidité

el rayo

foudre

el trueno

tonnerre

la tormenta

tempête

el granizo

grêle

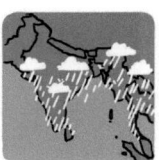

el monzón

mousson

la inundación

inondation

el hielo

glace

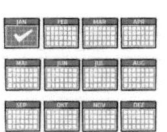

enero

janvier

febrero

février

marzo

mars

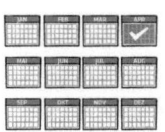

abril

avril

mayo

mai

junio

juin

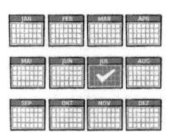

julio

juillet

agosto

août

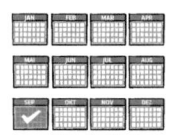

septiembre

septembre

octubre

octobre

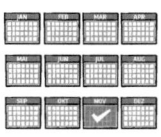

noviembre

novembre

diciembre

décembre

las formas
formes

el círculo

cercle

el cuadrado

carré

el rectángulo

rectangle

el triángulo

triangle

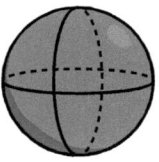

la esfera

sphère

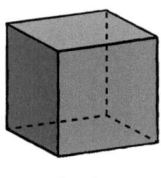

el cubo

cube

colores
couleurs

blanco

blanc

amarillo

jaune

naranja

orange

rosa

rose

rojo

rouge

morado

violet

azul

bleu

verde

vert

marrón

marron

gris

gris

negro

noir

mucho / poco

beaucoup / peu

enojado / tranquilo

fâché / calme

bonito / feo

joli / laid

principio / fin

début / fin

grande / pequeño

grand / petit

claro / oscuro

clair / obscure

el hermano / la hermana

frère / soeur

limpio / sucio

propre / sale

completo / incompleto

complet / incomplet

el día / la noche

jour / nuit

muerto / vivo

mort / vivant

ancho / angosto

large / étroit

comestible / no comestible

comestible / incomestible

malo / amable

méchant / gentil

entusiasmado / aburrido

excité / ennuyé

gordo / delgado

gros / mince

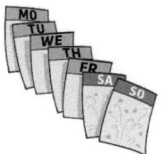

primero / último

premier / dernier

el amigo / el enemigo

ami / ennemi

lleno / vacío

plein / vide

duro / blando

dur / souple

pesado / ligero

lourd / léger

el hambre / la sed

faim / soif

enfermo / sano

malade / sain

ilegal / legal

illégal / légal

inteligente / tonto

intelligent / stupide

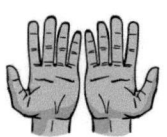

izquierda / derecha

gauche / droite

cerca / lejos

proche / loin

nuevo / usado

nouveau / usé

nada / algo

rien / quelque chose

viejo / joven

vieux / jeune

encendido / apagado

marche / arrêt

abierto / cerrado

ouvert / fermé

silencioso / ruidoso

faible / fort

rico / pobre

riche / pauvre

correcto / incorrecto

correct / incorrect

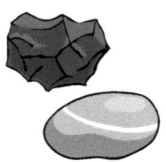

áspero / suave

rugueux / lisse

triste / contento

triste / heureux

corto / largo

court / long

lento / rápido

lent / rapide

húmedo / seco

mouillé / sec

caliente / frío

chaud / froid

guerra / paz

guerre / paix

los números

nombres

0

cero

zéro

1

uno

un / une

2

dos

deux

3

tres

trois

4

cuatro

quatre

5

cinco

cinq

6

seis

six

7

siete

sept

8

ocho

huit

9

nueve

neuf

10

diez

dix

11

once

onze

12

doce

douze

13

trece

treize

14

catorce

quatorze

15

quince

quinze

16

dieciséis

seize

17

diecisiete

dix-sept

18

dieciocho

dix-huit

19

diecinueve

dix-neuf

20

veinte

vingt

100

cien

cent

1.000

mil

mille

1.000.000

el millón

million

los idiomas
langues

el inglés

anglais

el inglés americano

anglais américain

el chino mandarín

chinois mandarin

el hindi

hindi

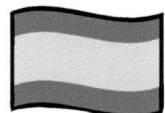

el español

espagnol

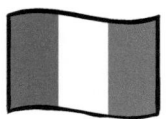

el francés

français

el árabe

arabe

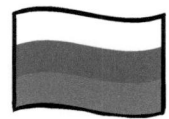

el ruso

russe

el portugués

portugais

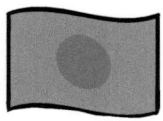

el bengalí

bengali

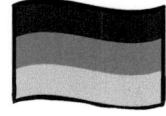

el alemán

allemand

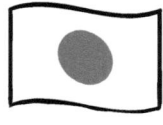

el japonés

japonais

yo

je

tú

tu

él / ella

il / elle / ce, c', cela

nosotros

nous

vosotros

vous

ellos

ils / elles

¿quién?

Qui ?

¿qué?

Quoi ?

¿cómo?

Comment ?

¿dónde?

Où ?

¿cuándo?

Quand ?

el nombre

nom

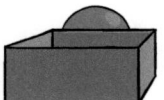

detrás

derrière

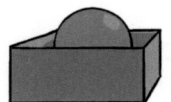

en

dans

delante de

devant

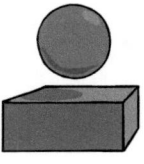

por encima de

au-dessus

sobre

sur

debajo de

en-dessous

junto a

à côté de

entre

entre

el lugar

lieu